AF253540

n°. 146.

(Par Charles Haffelé, d'après la
Bibliographie de la France.)

DERNIERS VOEUX

D'UN

CÉLÈBRE PROSCRIT,

EN FAVEUR DES FRANÇAIS.

Sic transit gloria ! ! !

PARIS.

Petit
et Pre. BLANCHARD, } libraires, sous les galeries de bois,
au Palais-Royal.

DE L'IMPRIMERIE DE J. B. IMBERT.

DERNIERS VŒUX

D'UN CÉLÈBRE PROSCRIT,

EN FAVEUR DES FRANÇAIS.

A'près avoir traversé des pays où naguère mon nom n'était prononcé qu'avec une sorte de crainte et de respect, me voilà donc enfin arrivé au lieu qui m'a été assigné pour couler tristement le reste de mes jours, et pour expier, par le regret de n'avoir pu vous rendre heureux, les fautes nombreuses qui ont provoqué la loi terrible de ma déchéance. Je vais être séparé pour jamais du Peuple Français, sans qu'il me reste aucune possibilité de détruire les opinions plus ou moins exagérées que la violence de mon caractère, la force des circonstances, et plus encore l'administration désastreuse de mon gouvernement, ont enfantées contre moi.

Quelque pénible, quelque douloureux que soit le sacrifice auquel je suis condamné, je m'y soumets avec résignation ; mais, avant de m'abandonner aux exercices désespérans de ma léthargique inactivité, je veux encore m'entretenir avec vous, Français ! Poussé, pour la première fois, par le remords de vous avoir précipités dans l'abîme, je veux vous faire entendre le cri de mon cœur. Je n'emprunterai plus le langage d'un Vainqueur superbe, tantôt menaçant les nations, tantôt les outrageant dans mes discours ou dans mes rapports, et découvrant sans cesse le projet chimérique d'une domination universelle; je ne parlerai plus comme un Chef habitué à voir toutes les têtes se courber devant lui : c'est en observateur malheureux que je vais vous tracer mes réflexions. Elles sont le fruit d'une cruelle expérience, comme elles sont le résultat de la raison. C'est donc avec le miroir de la vérité que je vais vous présenter les moyens de parvenir à cette félicité, que je n'ai pu vous procurer pendant la trop longue durée de mon règne, quoique vous ayez si bien mérité d'en posséder les avantages.

Il n'est aucun de vous qui ne connaisse tous les détails de ma vie privée, depuis les premières époques de mon existence. Habitué à vivre dans la classe ordinaire de la société, j'aurais dû, en me trouvant élevé à la dignité de la Toute-puissance, rester pénétré des abus que j'avais remarqués, des plaintes que j'avais entendu porter par les autres, et que souvent j'avais faites moi-même, et ne pas m'écarter des obligations qu'on m'avait imposées, et que j'avais juré de remplir, pour rendre les Français au bonheur. Cela m'eût été d'autant plus facile, que sortant de l'état convulsif d'une révolution qui avait fatigué la masse entière de la nation, chaque citoyen espérait trouver son salut en retombant sous la domination d'un seul, et qu'il croyait que les plaies de la France allaient être fermées en se rangeant sous la bannière d'un homme qui aurait pu remédier aux maux et aux besoins du peuple, parce que lui-même aurait été à portée de les éprouver. Mais dévoré par la soif du pouvoir, au lieu d'écouter les remontrances qui m'étaient faites par quelques sages Ministres, au lieu de recueillir les lumières de quelques Conseillers qui voulaient de bonne foi le retour de l'ordre et le rétablissement des principes, au lieu de protéger la liberté de la presse dans tout ce qui n'était pas contraire au Gouvernement et à la tranquillité publique, toujours soupçonneux, inquiet et méfiant, j'ai enchaîné toutes les opinions afin de mieux les asservir à ma volonté. Peu à peu je me suis vu entouré de courtisans mensongers, d'adulateurs perfides et dangereux, et à l'exemple de tous les hommes revêtus de l'Autorité Suprême, j'ai bu à longs traits dans le vase empoisonné de la flatterie, au lieu de tremper mes lèvres dans la coupe de la vérité. Bien loin de frayer la route d'un bonheur si ardemment désiré et si justement attendu, je me suis abandonné sans réserve à la fougue impétueuse de mon caractère, j'ai forcé progressivement les Français à plier sous le joug despotique de mes caprices, et enfin j'ai satisfait ma passion pour les combats, dans lesquels je m'étais laissé entraîner par la séduisante image de la victoire et des conquêtes, comme si la plus intéressante et la plus belle de toutes, pour moi, n'eût pas dû être celle des cœurs ; comme si je n'eusse pas dû faire consister ma félicité personnelle dans le bonheur du Grand Peuple que le hasard ou ma destinée m'avaient appelé à gouverner.

Si j'ai cédé à l'illusion trompeuse de tant de sentimens qui flattaient mon imagination, si j'ai constamment donné l'impulsion d'un système exagéré, que j'avais jugé nécessaire pour l'affermissement du Pouvoir colossal dont je me suis investi sans résistance ; croyez cependant que j'ai parfois éprouvé le désir de rendre votre condition moins dure ; mais qu'effrayé de l'état violent où j'avais placé la France, emporté par le tourbillon des affaires inséparables du mouvement d'un vaste empire, voulant d'ailleurs paraître toujours grand et généreux envers des hommes dont j'achetais chaque jour le silence en les gorgeant de mes bienfaits, je ne pouvais réaliser le lendemain le plan que j'avais formé la veille pour alléger vos sacrifices, ou pour cicatriser les plaies de l'État.

Telle est la condition habituelle des Souverains! Dans la classe ordinaire, un homme peut faire tout le bien qu'il projette, parce que, ne craignant pas d'être contrarié par des opinions ou par des intérêts opposés à ses vues, n'étant pas obligé à servir les petites passions ou la jalousie d'une foule de gens occupés sans cesse à fertiliser leurs intrigues ou à faire valoir leurs services, ses desseins deviennent exécutables quand il le veut; mais il n'en est pas de même d'un Gouvernant; il doit tout asservir aux règles de sa politique.

A une époque bien mémorable de ma vie, j'ai publié hautement que si j'avais été dans la place d'un Roi malheureux, je serais mort en Roi, et qu'on ne m'aurait pas enlevé ma Puissance. Ah! combien j'ai mal tenu ma promesse! et que l'homme doit peu compter sur lui-même! puisque malgré le Pouvoir absolu dont j'étais investi, malgré l'influence extrême que me donnaient sur les Cabinets de l'Europe et mes vastes conquêtes et les forces immenses de mon état militaire ; malgré l'alliance brillante que j'avais contractée avec l'Auguste fille d'un des plus grands Monarques du monde, je n'ai pu conserver une couronne, que je croyais d'autant mieux affermie sur ma tête, qu'elle était encore cimentée par le courage et par le sang de plusieurs millions de braves qui s'étaient sacrifiés pour moi. Leçon terrible !

Je ne vous retracerai pas ici le tableau affligeant de mes erreurs, vous les connaissez trop bien ; qu'il vous suffise que je les avoue ! Je ne veux pas chercher non plus à rappeler ce que j'ai fait pour rendre à la France éplorée l'éclat brillant qu'elle avait acquis sous plusieurs de ses Souverains. Assez de Monumens attesteront et mes vœux et mes efforts ! Mais de quelle utilité deviennent tous ces embellissemens pour le peuple , quand il doit les arroser et des sueurs de son travail, et du sang de ses enfans ? Eh ! aurais-je pu les continuer, si je n'avais pas cru de mon intérêt de sacrifier les ressources de vos Provinces pour les disséminer avec profusion dans une classe d'ouvriers de la Capitale qui pouvaient devenir redoutables pour moi au moindre signal de la misère publique ? L'aurais-je pu, si je n'avais prélevé des contributions immenses sur les habitans des pays que la valeur de vos guerriers sou-

mettait chaque jour à mon insatiable am-
bition ? L'aurais-je pu, si je n'avais eu l'in-
concevable idée de régénérer un impôt de-
venu le prétexte principal de cette affreuse
révolution qui, en changeant la face de la
France, aurait presque dénaturé tous les
Gouvernemens de ses voisins? L'aurais-je pu
enfin, si par un raffinement d'idées oppres-
sives, jusqu'alors inconnues dans les pages
de l'histoire des peuples, je ne m'étais rendu
le Monopoleur en chef de toutes les espèces
de productions des Colonies?

Français! il est temps de rétablir l'ordre,
afin de parvenir à une condition meilleure.
Rien n'est désespéré, et tous vos maux peuvent être réparés avec quelques années d'éco-
nomie; mais il faut que la plus parfaite
union règne entre vous : car, n'en doutez
pas, de vos dissensions particulières peuvent
renaître en un instant le trouble et l'anar-
chie, ce qui vous conduirait infailliblement
à la destruction de l'Ordre Social, à toutes
les horreurs de la guerre civile, et à l'anéan-
tissement de vos familles et de vos fortunes.
Ecoutez donc les derniers conseils que je vais
vous donner ; il vous importe de les suivre.

De quelque parti que vous soyez, et quelles
que soient vos opinions, ne cherchez point
à aigrir une classe de citoyens en retraçant

les torts de l'autre. Que l'expérience vous serve de boussole. Assez long-temps vous avez gémi sous les coups de la plus violente agitation. Assez et trop long-temps vous avez été victimes de la fragilité de vos opinions. Rentrez sous l'influence des lois protectrices de la tranquillité et de la raison. Jouissez de l'avantage qui vous est offert, et bénissez la Providence de vous avoir rendus à une Race glorieuse qui, pendant une longue série d'années, a fait le bonheur de vos Ancêtres. Serrez-vous autour de votre Roi ; portez-lui tout votre amour ; environnez-le de vos respects ; aidez-le de vos lumières pour qu'il vous donne une constitution qui garantisse vos droits, et qui assure à jamais les siens et ceux de ses Successeurs : mais qu'une fois la loi adoptée, chacun la suive inviolablement.

Ne vous laissez plus égarer par les appas d'une vaine gloire, ni par les séductions d'une liberté licencieuse, qui ne peut être engendrée que par le débordement des passions d'une classe d'hommes osant tout, parce qu'ils n'ont rien à perdre. Respectez les droits de tous les Peuples, et n'allez pas porter le trouble chez vos voisins. N'oubliez jamais qu'Athènes et Rome ont été forcées d'abandonner leurs avantages pour avoir fait un usage immodéré de leur Puissance. Que votre

Souverain devienne le point de ralliement de tous les Français, car c'est toujours au Chef de l'Etat que sont rattachées les destinées des Peuples et toutes les branches de prospérités d'un Empire. N'ayez donc plus qu'un seul cri : Dieu, la Patrie, et le Roi!

Il ne faut pas vous le dissimuler, la tâche de votre nouveau Monarque est difficile à remplir. Il trouve bien des larmes à sécher et des plaies innombrables à guérir. Comme moi, il n'aura pas des ressources abondantes dans l'Etranger, des secours chez les Souverains de la Confédération, des impôts chez les Peuples que votre bravoure avait unis à la France; il ne peut vous offrir que sa bonne volonté, qu'un cœur pur, qu'une âme grande et forte, que des sentimens d'amour et de générosité; il vient à vous, courbé sous le poids du malheur, et n'ayant pour toute richesse qu'une famille qui n'a jamais cessé de vous chérir : il arrive, appuyé sur cette Antigone Auguste, modèle des plus rares vertus; et vous présentant d'une main un olivier arrosé de ses larmes; de l'autre, faisant flotter le signe éblouissant qui servit toujours de ralliement à vos pères, il ne peut vous faire entendre que ces mots : « Mes enfans! je suis heureux d'être au milieu de vous, et je n'ai point d'autre désir que de vous rendre à la paix et au bonheur! »

C'est donc à vous, Français, à seconder ses vues bienfaisantes. Que chacun de vous fasse ses sacrifices, et que chacun s'honore de sa profession; que le Cultivateur donne l'exemple du travail; qu'il cherche à réparer par d'abondantes moissons les avaries inséparables de l'état dangereux dans lequel j'ai placé la Nation.

Que le Commerçant oublie les pertes du moment pour se pénétrer de l'idée que la reprise des relations de négoce avec l'Etranger peut lui offrir d'amples dédommagemens, en se livrant avec réserve à des opérations nouvelles.

Que tous les Corps de l'Etat comme tous les Français n'aient qu'un seul but, celui de la prospérité nationale.

Que la Noblesse cimente entre chacun de ses Membres une union durable; et sans s'attacher à provoquer des discussions toujours fâcheuses relativement aux prééminences, qu'elle ne voie dans les Titres qui lui ont été donnés, que la récompense honorable des services rendus à la Patrie.

Que les Pères de famille offrent à leurs enfans l'exemple de la fidélité envers le roi; qu'ils dirigent leurs cœurs vers la morale et les vertus sociales; que les Mères instruisent leurs filles dans les douces lois de la pudeur et de la religion ; chacun trouvera sa récompense dans la tendresse qui doit nécessairement résulter d'un tel établissement de principes.

Que les Ministres de toutes les religions implorent les secours de la Providence, pour que la paix règne à jamais dans votre beau pays; qu'ils déploient toutes les ressources de leur génie, qu'ils fassent pénétrer dans les cœurs le feu sacré de la persuasion pour rallier tous les partis sous les étendards d'un Dieu de clémence et de bonté; qu'ils donnent les premiers l'exemple de l'obéissance et de la soumission aux Lois, sans lesquelles il n'y a point de gouvernement stable, et qu'ils répètent sans cesse avec vous : Dieu ! la Patrie, et le Roi !

Et vous, Braves Guerriers, qui m'avez si souvent suivi dans les combats, c'est à vous surtout à frayer sous ses pas la route épineuse d'un Gouvernement qu'il vient rétablir sur la lave d'un volcan mal éteint, et dont les veines entr'ouvertes vomissent encore les horreurs menaçantes de l'incendie. Dans tous les temps vous avez été l'espérance de l'État, les soutiens des Autorités, les défenseurs des Lois; n'hésitez donc pas à reconnaître votre Monarque! ne flétrissez pas les lauriers que vous avez acquis par tant de périls, et par les innombrables exploits dus à votre immortelle valeur ! Soyez toujours l'orgueil de la Nation, méritez son estime, et présentez vos bras aux descendans de Henri IV ! Que vos corps lui servent de boucliers, qu'ils deviennent au besoin des remparts inaccessibles, et que semblables aux Bayard, aux Condé, aux Turenne, et à plusieurs grands Capitaines de notre temps, vous soyez toujours prêts à vous sacrifier pour maintenir l'honneur du Trône et l'indépendance de votre pays. A tant de brillantes entreprises, faites succéder de nobles délassemens ! Que l'habitude de la victoire, toujours acquise aux dépens de l'espèce humaine, n'étouffe pas en vous les douces émotions du Sentiment et de la Nature. Plusieurs d'entre vous peuvent avoir besoin de repos : qu'ils volent auprès de leurs vieux pères, qu'ils arrivent le front ceint de la double couronne, qu'ils racontent à leurs familles leurs étonnantes merveilles, que chacun reste fier de vous appartenir, et qu'enfin les douces réalités de l'Hymen vous consolent des rigoureuses faveurs de Bellone !

Et vous, Monarque infortuné, qui avez le courage de vous charger du poids de la couronne ; vous qui prenez la tâche difficile de rendre cet Empire aux heureuses destinées qu'il devait à vos ancêtres, que de tourmens

vous vous êtes réservés; combien de situa-
tions pénibles vont succéder au calme parfait
dont vous jouissiez dans l'asile offert à vos
malheurs par une hospitalité magnanime ;
combien vous aurez de blessures à guérir ;
que de partis à ménager ; que de dangers à
prévoir ; que d'écueils à éviter ; que d'intérêts froissés à rétablir ; que d'abus à éteindre; que de discordes à étouffer; que de pro-
jets d'exagération à combattre !

Ne pouvant tout faire par eux-mêmes ,
c'est de la responsabilité de leurs Ministres,
c'est de la sagesse de leurs Conseils , que les
Rois doivent attendre les heureux résultats
de leurs bonnes intentions ; mais c'est à eux
à s'assurer de la mesure de leur moralité ;
c'est à eux surtout à surveiller scrupuleuse-
ment leur conduite , à ne pas les rendre des
Favoris exclusifs, et à les placer toujours
entre la nécessité de faire le bien et la crainte
de produire le mal.

Français ! pénétrez-vous bien de ces réflexions. Je n'ai d'autre désir à former que celui
de votre prospérité : devenez heureux, vous
le pouvez ; mais soyez calmes. Abandonnez-
vous exclusivement à l'Industrie, au Com-
merce et aux Arts. Que le règne de la vérité
remplace celui des illusions ; et qu'après la
tourmente des discordes, le vaisseau de l'Etat,

qui porte vos destinées , arrive enfin au port !

OBSERVATIONS DE L'AUTEUR.

Sous quelque point de vue que le Lecteur envisage cet opuscule , auquel je n'ai pas cru devoir donner de plus grands développemens, il ne pourra savoir mauvais gré à un Français d'avoir cherché à démontrer combien il importe de ramener tous les sentimens au seul point qui puisse réunir tous les esprits, rendre la Patrie à son éclat, et le peuple au bonheur. Il s'agit de faire renaître la confiance dans les cœurs, et j'ai essayé d'atteindre ce but en indiquant les moyens propres à éteindre les dissensions civiles et militaires, et à faire porter au Roi tout l'amour que ses Sujets doivent à ses vertus, et surtout à l'expérience de ses malheurs. Je me trouverai assez récompensé du mérite de mon intention , si j'ai contribué à rétablir ce calme et cette union, qui seuls peuvent nous procurer une paix durable, dans laquelle nous trouverons, d'ailleurs, le prix de tous nos sacrifices.

C. L.

FIN.